Todos los libros de Linkgua Ediciones cuentan con modelos de Inteligencia Artificial entrenados por hispanistas. Pregúntale al chat de tu libro lo que desees acerca de la obra o su autor/a.

Para ebooks: Accede a nuestro modelo de IA a través de un enlace.

Para libros impresos: Escanea el código QR de la portada con tu dispositivo móvil.

Obtén análisis detallados de nuestros libros, resúmenes, respuestas a tus preguntas y accede a nuestras ediciones críticas generativas para una experiencia de lectura más enriquecedora.
La transparencia y el respeto hacia la autoría de las fuentes utilizadas son distintivos básicos de nuestro proyecto. Por ello, las respuestas ofrecen, mediante un sistema de citas, las fuentes con las que han sido elaboradas.

José Martí

El presidio político en Cuba

Barcelona 2025
Linkgua-ediciones.com

Créditos

Título original: El presidio político en Cuba

e-mail: info@linkgua.com

Diseño de cubierta: Michel Mallard.

ISBN rústica ilustrada: 978-84-9642-843-0.
ISBN ebook: 978-84-9897-873-5.

Sumario

Brevísima presentación

La vida

José Martí (La Habana, 1853-Dos Ríos, 1898). Cuba.
Era hijo de Mariano Martí Navarro, valenciano, y Leonor Pérez Cabrera, de Santa Cruz de Tenerife.

Martí empezó su formación en el Colegio de San Anacleto, y luego estudió en la Escuela Municipal de Varones. En 1868 empezó a colaborar en un periódico independentista, lo que provocó su ingreso en prisión y más tarde su destierro a España. Vivió en Madrid y en 1871 publicó *El presidio político en Cuba*, su primer libro en prosa.

En 1873 se fue a Zaragoza y se licenció en derecho, y en filosofía y letras. Al año siguiente viajó a París, donde conoció a personajes como Víctor Hugo y Augusto Bacquerie.

Tras su estancia en Europa vivió dos años en México. Por esa época se casó con Carmen Zayas Bazán, aunque estaba enamorado de María García Granados, fuente de inspiración en sus poemas.

En 1878 regresó a La Habana y tuvo un hijo con Carmen. Un año después fue deportado otra vez a España (1879). Hacia 1880 vivió en Nueva York y organizó la Guerra de Independencia de su país. Fue cónsul de Argentina, Uruguay y Paraguay en esa ciudad norteamericana; dio discursos, escribió artículos y versos, conspiró, fundó el Partido Revolucionario Cubano y redactó sus Bases. En 1895, al iniciarse la Guerra de Independencia, se fue a Cuba y murió en combate.

El presidio político en Cuba es un testimonio de las penurias sufridas por Martí durante su estancia en la prisión.

El presidio político en Cuba

I

Dolor infinito debía ser el único nombre de estas páginas. Dolor infinito, porque el dolor del presidio es el más rudo, el más devastador de los dolores, el que mata la inteligencia, y seca el alma, y deja en ella huellas que no se borrarán jamás.

Nace con un pedazo de hierro; arrastra consigo este mundo misterioso que agita cada corazón; crece nutrido de todas las penas sombrías, y rueda, al fin, aumentado con todas las lágrimas abrasadoras.

Dante no estuvo en presidio.

Si hubiera sentido desplomarse sobre su cerebro las bóvedas oscuras de aquel tormento de la vida, hubiera desistido de pintar su Infierno. Las hubiera copiado, y lo hubiera pintado mejor.

Si existiera el Dios providente, y lo hubiera visto, con la una mano se habría cubierto el rostro, y con la otra habría hecho rodar al abismo aquella negación de Dios.

Dios existe, sin embargo, en la idea del bien, que vela el nacimiento de cada ser, y deja en el alma que se encarna en él una lágrima pura. El bien es Dios. La lágrima es la fuente de sentimiento eterno.

Dios existe, y yo vengo en su nombre a romper en las almas españolas el vaso frío que encierra en ellas la lágrima.

Dios existe, y si me hacéis alejar de aquí sin arrancar de vosotros la cobarde, la malaventurada indiferencia, dejadme que os desprecie, ya que yo no puedo odiar a nadie; dejadme que os compadezca en nombre de mi Dios.

Ni os odiaré, ni os maldeciré.

Si yo odiara a alguien, me odiaría por ello a mí mismo.

Si mi Dios maldijera, yo negaría por ello a mi Dios.

II

¿Qué es aquello?

Nada.

Ser apaleado, ser pisoteado, ser arrastrado, ser abofeteado en la misma calle, junto a la misma casa, en la misma ventana donde un mes antes recibíamos la bendición de nuestra madre, ¿qué es?

Nada.

Pasar allí con el agua a la cintura, con el pico en la mano, con el grillo en los pies, las horas que días atrás pasábamos en el seno del hogar, porque el Sol molestaba nuestras pupilas, y el calor alteraba nuestra salud, ¿qué es?

Nada.

Volver ciego, cojo, magullado, herido, al son del palo y la blasfemia, del golpe y del escarnio, por las calles aquellas que meses antes me habían visto pasar sereno, tranquilo, con la hermana de mi amor en los brazos y la paz de la ventura en el corazón, ¿qué es esto?

Nada también.

¡Horrorosa, terrible, desgarradora nada!

Y vosotros los españoles la hicisteis.

Y vosotros la sancionasteis.

Y vosotros la aplaudisteis.

¡Oh, y qué espantoso debe ser el remordimiento de una nada criminal!

Los ojos atónitos lo ven; la razón escandalizada se espanta; pero la compasión se resiste a creer lo que habéis hecho, lo que hacéis aún.

O sois bárbaros, o no sabéis lo que hacéis.

Dejadme, dejadme pensar que no lo sabéis aún.

Dejadme, dejadme pensar que en esta tierra hay honra todavía, y que aún puede volver por ella esta España de acá tan injusta, tan indiferente, tan semejante ya a la España repelente y desbordada de más allá del mar.

Volved, volved por vuestra honra: arrancad los grillos a los ancianos, a los idiotas, a los niños; arrancad el palo al miserable apaleador; arrancad vuestra vergüenza al que se embriaga insensato en brazos de la venganza y se olvida de Dios y de vosotros; borrad, arrancad todo esto, y haréis olvidar algunos de sus días más amargos al que ni al golpe del látigo, ni a la voz del insulto, ni al rumor de sus cadenas, ha aprendido aún a odiar.

III

Unos hombres envueltos en túnicas negras llegaron por la noche y se reunieron en una esmeralda inmensa que flotaba en el mar.

¡Oro! ¡Oro! ¡Oro! dijeron a un tiempo y arrojaron las túnicas y se reconocieron y se estrecharon las manos huesosas y movieron saludándose las cadavéricas cabezas.

—Oíd —dijo uno—. La desesperación arranca allá bajo las cañas de las haciendas; los huesos cubren la tierra en tanta cantidad que no dan paso a la yerba naciente; los rayos del Sol de las batallas brillan tanto, que a su luz se confunden la tez blanca y la negra; yo he visto desde lejos a la Ruina que adelanta terrible hacia nosotros; los demonios de la ira tienen asida nuestra caja y yo lucho y vosotros lucháis y la caja se mueva y nuestros brazos se cansan y nuestras fuerzas se extinguen, y la caja se irá. Allá lejos, muy lejos, hay brazos nuevos, hay fuerzas nuevas; allá hay la cuerda de la honra que suele vibrar; allá hay el nombre de la patria desmembrada que suele estremecer. Si vamos allá y la cuerda vibra y el nombre estremece, la caja se queda; de los blancos desesperados haremos siervos; sus cuerpos muertos serán abono de la tierra; sus cuerpos vivos la cavarán y la surcarán, y el África nos dará riquezas, y el oro llenará nuestras arcas. Allá hay brazos nuevos, allá hay fuerzas nuevas; vamos, vamos allá.

—Vamos, vamos —dijeron con cavernosa voz los hombres, y aquel cantó, y los demás cantaron con él.

«El pueblo es ignorante y está dormido.

»El que llega primero a su puerta, canta hermosos versos y lo enardece.

»Y el pueblo enardecido clama.

»Cantemos, pues.

»Nuestros brazos se cansan, nuestras fuerzas se extinguen. Allá hay brazos nuevos, allá hay fuerzas nuevas. Vamos, vamos allá.»

Y los hombres confundieron sus cuerpos, se transformaron en vapor de sangre, cruzaron el espacio, se vistieron de honra y llegaron al oído del pueblo que dormía, y cantaron.

Y la fibra noble del alma de los pueblos se contrajo enérgica, y a los acordes de la lira que bamboleaba entre la roja nube, el pueblo clamó y exhaló en la embriaguez de su clamor el grito de anatema.

El pueblo clamó inconsciente y hasta los hombres que sueñan con la federación universal, con el átomo libre dentro de la molécula libre, con el respeto a la independencia ajena como base de la fuerza y la independencia propias, anatematizaron la petición de los derechos que ellos piden, sancionaron la opresión de la independencia que ellos predican y santificaron como representante de la paz y la moral, la guerra de exterminio y el olvido del corazón.

Se olvidaron de sí mismos y olvidaron que como el remordimiento es inexorable, la expiación de los pueblos es también una verdad.

Pidieron ayer, piden hoy, la libertad más amplia para ellos y hoy mismo aplauden la guerra incondicional para sofocar la petición de libertad de los demás.

Hicieron mal.

España no puede ser libre mientras tenga en la frente manchas de sangre.

Se ha vestido allá de harapos y los harapos se han mezclado con su carne y consume los días extendiendo las manos para cubrirse con ellos.

Desnudadla, en nombre del honor.

Desnudadla en nombre de la compasión y la justicia.

Arrancadla sus jirones aunque la hagáis daño, si no queréis que la miseria de los vestidos llegue al corazón y los gusanos se lo roan, y la muerte de la deshonra os venga detrás.

Un hombre sonoro, enérgico, vibró en vuestros oídos y grabó en vuestros cerebros: ¡Integridad nacional! Y las bóvedas de la sala del pueblo resonaron unánimes: ¡Integridad! ¡Integridad!

Hicisteis mal.

Cuando el conocimiento perfecto no divide las tesis, cuando la razón no separa, cuando el juicio no obra detenido y maduro, hacéis mal en ceder a un entusiasmo pasajero.

Cuando no os son conocidos los sacrificios de un pueblo; cuando no sabéis que las doncellas bayamesas aplicaron la primera tea a la casa que guardó el cuerpo helado de sus padres, en que sonrió su infancia, en que se engalanó su juventud, en que se reprodujo su hermosa naturaleza; cuando ignoráis que un país educado en el placer y en la postración trueca de súbito los perfumes de la molicie por la miasma fétida del campamento, y los goces suavísimos de la familia por los azares de la guerra, y el calor del hogar por el frío del bosque y el cieno del pantano y la vida cómoda y segura por la vida nómade y perseguida y hambrienta y llagada y enferma y desnuda; cuando todo esto ignoráis, hacéis mal en negárselo todo, hacéis mal en no hacerle justicia, hacéis mal en condenar tan absolutamente a un pueblo que quiere ser libre, desde lo alto de una nación que, en la inconsciencia de sí misma, halla aún noble decir que también quiere serlo.

Olvidáis que tuvo la garganta opresa y el pecho sujeto por manos de hierro; olvidáis que la garganta se enronqueció de pedir y el pecho se cansó de gemir oprimido; olvidáis su sumisión, olvidáis su paciencia, olvidáis sus tentativas de sumisión nueva, ahogados por el conde de Valmaseda en la sangre del parlamentario Augusto Arango.

Y cuando todo lo olvidáis, hacéis mal en divinizar las garras opresoras, hacéis mal en lanzar anatemas sobre aquello de que, o nada queréis saber, o nada en realidad sabéis.

Porque era preciso que nada supieseis para hacer lo que habéis hecho. Si supierais algo y lo hubierais hecho, lo vería y lo palparía y diría que era imposible que lo veía y lo palpaba.

Un hombre sonoro, enérgico, vibró en vuestros oídos y grabó en vuestros cerebros: ¡Integridad! ¡Integridad! Y las bóvedas de la sala del pueblo resonaron unánimes: ¡Integridad! ¡Integridad!

¡Oh! No es tan bello ni tan heroico vuestro sueño, porque sin duda soñáis. Mirad, mirad hacia este cuadro que os voy a pintar y si no tembláis de espanto ante el mal que habéis hecho y no maldecís horrorizados esta faz de la integridad nacional que os presento, yo apartaré con vergüenza los ojos de esta España que no tiene corazón.

Yo no os pido que os apartéis de la senda de la patria, que seríais infames si os apartarais.

Yo no os pido que firméis la independencia de un país que necesitáis conservar y que os hiere perder, que sería torpe si os lo pidiera.

Yo no os pido para mi patria concesiones que no podéis darla, porque o no las tenéis, o si las tenéis os espantan, que sería necedad pedíroslas.

Pero yo os pido en nombre de ese honor de la Patria que invocáis, que reparéis algunos de vuestros más lamentables errores, que en ello habría honra legítima y verdadera; yo os pido que seáis humanos, que seáis justos, que no seáis criminales sancionando un crimen constante, perpetuo, ebrio, acostumbrado a una cantidad de sangre diaria que no le basta ya.

Si no sabéis en su horrorosa anatomía aquella negación de todo pensamiento justo y todo noble sentimiento; si no veis las nubes rojas que se ciernen pesadamente sobre la tierra de Cuba, como avergonzándose de subir al espacio, porque presumen que allí está Dios; si no las veis mezcladas con los vapores del vértigo de un pueblo ávido de metal, que al tocar la ansiada mina que en sueños llenó de miel su vida, ve que se le escapa y corre tras ella desalentado, loco, erizados los cabellos y extraviados los ojos, ¿por qué firmáis con vuestro asentimiento el exterminio de la raza que más os ha sufrido, que más se os ha humillado, que más os ha esperado, que más sumisa ha sido hasta que la desesperación o la desconfianza en las promesas ha hecho que sacuda la cerviz? ¿Por qué sois tan injustos y tan crueles?

Yo no os pido ya razón imparcial para deliberar.

Yo os pido latidos de dolor para los que lloran, latidos de compasión para los que sufren por lo que quizá habéis sufrido vosotros ayer, por lo que quizá, si no sois aún los escogidos del Evangelio, habréis de sufrir mañana.

No en nombre de esa integridad de tierra que no cabe en un cerebro bien organizado; no en nombre de esa visión que se ha trocado en gigante; en nombre de la integridad de la honra verdadera, la integridad de los lazos de protección y de amor que nunca debisteis romper; en nombre del bien, supremo Dios; en nombre de la justicia, suprema verdad, yo os exijo compasión para los que sufren en presidio, alivio para su suerte inmerecida, escarnecida, ensangrentada, vilipendiada.

Si la aliviáis, sois justos.

Si no la aliviáis, sois infames.

Si la aliviáis, os respeto.

Si no la aliviáis, compadezco vuestro oprobio y vuestra desgarradora miseria.

IV

Vosotros, los que no habéis tenido un pensamiento de justicia en vuestro cerebro, ni una palabra de verdad en vuestra boca para la raza más dolorosamente sacrificada, más cruelmente triturada de la tierra.

Vosotros, los que habéis inmolado en el altar de las palabras seductoras los unos, y las habéis escuchado con placer los otros, los principios del bien más sencillos, las nociones del sentimiento más comunes, gemid por vuestra honra, llorad ante el sacrificio, cubríos de polvo la frente y partid con la rodilla desnuda a recoger los pedazos de vuestra fama que ruedan esparcidos por el suelo.

¿Qué venís haciendo tantos años hace?

¿Qué habéis hecho?

Un tiempo hubo en que la luz del Sol no se ocultaba para vuestras tierras. Y hoy apenas si un rayo las alumbra lejos de aquí, como si el mismo Sol se avergonzara de alumbrar posesiones que son vuestras.

México, Perú, Chile, Venezuela, Bolivia, Nueva Granada, las Antillas, todas vinieron vestidas de gala y besaron vuestros pies, y alfombraron de oro el ancho surco que en el Atlántico dejaban vuestras naves. De todas quebrasteis la libertad; todas se unieron para colocar una esfera más, un mundo más en vuestra monárquica corona.

España recordaba a Roma.

César había vuelto al mundo y se había repartido a pedazos en vuestros hombres, con su sed de gloria y sus delirios de ambición.

Los siglos pasaron.

Las naciones subyugadas habían trazado a través del Atlántico del Norte camino de oro para vuestros bajeles. Y vuestros capitanes trazaron a través del Atlántico del Sur camino de sangre coagulada, en cuyos charcos pantanosos flotaban cabezas negras como el ébano y se elevaban brazos amenazadores como el trueno que preludia la tormenta.

Y la tormenta estalló al fin; y así como lentamente fue preparada, así furiosa e inexorablemente se desencadenó sobre vosotros.

Venezuela, Bolivia, Nueva Granada, México, Perú, Chile, mordieron vuestra mano, que sujetaba crispada las riendas de su libertad y abrieron en ella hondas heridas; y débiles y cansados y maltratados vuestros bríos, un ¡ay! se exhaló de vuestros labios, un golpe tras otro resonaron lúgubremente en el tajo, y la cabeza de la dominación española rodó por el Continente americano, y atravesó sus llanuras, y holló sus montes y cruzó sus ríos y cayó al fin en el fondo de un abismo para no volverse a alzar en él jamás.

Las Antillas, las Antillas solas, Cuba sobre todo, se arrastraron a vuestros pies, y posaron sus labios en vuestras llagas, y lamieron vuestras manos, y cariñosas y solícitas fabricaron una cabeza nueva para vuestros maltratados hombros.

Y mientras ella reponía cuidadosa vuestras fuerzas, vosotros cruzabais vuestro brazo debajo de su brazo, y la llegabais al corazón y se lo desgarrabais y rompíais en él las arterias de la moral y de la ciencia.

Y cuando ella os pidió en premio a sus fatigas una mísera limosna, alargasteis la mano y se la enseñasteis la masa informe de su triturado corazón y os reísteis y se la arrojasteis a la cara.

Ella se tocó en el pecho y encontró otro corazón nuevo que latía vigorosamente y roja de vergüenza, acalló sus latidos y bajó la cabeza, y esperó.

Pero esta vez esperó en guardia y la garra traidora solo pudo hacer sangre en la férrea muñeca de la mano que cubría el corazón.

Y cuando volvió a extender las manos en demanda de limosna nueva, alargasteis otra vez la masa de carne y sangre, otra vez reísteis, otra vez se la lanzasteis a la cara. Y ella sintió que la sangre subía a su garganta y la ahogaba, y subía a su cerebro y necesitaba brotar, y se encontraba en su pecho que hallaba robusto y bullía en todo su cuerpo al calor de la burla y del ultraje. Y brotó al fin. Brotó porque vosotros mismos la impelisteis a que brotara, porque vuestra crueldad hizo necesario el rompimiento de sus venas, porque muchas veces la habíais despedazado el corazón y no quería que se lo despedazarais una vez más.

Y si esto habéis querido, ¿qué os extraña?

Y si os parece cuestión de honra seguir escribiendo con páginas semejantes vuestra historia colonial, ¿por qué no dulcificáis siquiera con la justicia vuestro esfuerzo supremo para fijar eternamente en Cuba el jirón de vuestro manto conquistador?

Y si esto sabéis y conocéis, porque no podéis menos de conocerlo y de saberlo, y si esto comprendéis, ¿por qué en la comprensión no empezáis siquiera a practicar esos preceptos ineludibles de honra cuya elusión os hace sufrir tanto?

Cuando todo se olvida, cuando todo se pierde, cuando en el mar confuso de las miserias humanas el Dios del Tiempo revuelve algunas veces las olas y halla las vergüenzas de una nación, no encuentra nunca en ellas la compasión ni el sentimiento.

La honra puede ser mancillada.

La justicia puede ser vendida.

Todo puede ser desgarrado.

Pero la noción del bien flota sobre todo, y no naufraga jamás.

Salvadla en vuestra tierra, si no queréis que en la historia de este mundo la primera que naufrague sea la vuestra.

Salvadla, ya que aún podría ser nación aquella, en que perdidos todos los sentimientos, quedase al fin el sentimiento del dolor y el de la propia dignidad.

V

Tristes, sombríos, lastimeros recuerdos son éstos que al calor de mi idea constante me presta la memoria que el pesar me hizo perder.

Las que habéis amamantado a vuestros pechos al niño de rubios cabellos y dulcísimos ojos, llorad.

Las que habéis sentido posarse en vuestras frentes la mano augusta de la imagen de Dios en nuestra vida, llorad.

Los que habéis ido arrancando años del libro de los tiempos para cederlos a una imagen vuestra, llorad.

Jóvenes, ancianos, madres, hijos, venid y llorad.

Y si me oís, y no lloráis, la tierra os sea leve y el Señor Dios tenga piedad de vuestras almas.

Venid; llorad.

Y vosotros, los varones fuertes, los hombres de la legalidad y de la patria, la palabra encarnada del pueblo, la representación severa de la opinión y del país, gemid vuestra vergüenza, postraos de hinojos, lavad la mancha que oscurece vuestra frente, y crece, y se extiende, y os cubrirá el rostro y os desgarrará y os envenenará el corazón.

Gemid, lavad, si no queréis que el oprobio sea vuestro recuerdo y la debilidad y el miedo y el escarnio vuestra triste y desconsoladora historia.

VI

Era el 5 de abril de 1870. Meses hacía que había yo cumplido diecisiete años.

Mi patria me había arrancado de los brazos de mi madre, y señalado un lugar en su banquete. Yo besé sus manos y las mojé con el llanto de mi orgullo, y ella partió, y me dejó abandonado a mí mismo.

Volvió el día 5 severa, rodeó con una cadena mi pie, me vistió con ropa extraña, cortó mis cabellos y me alargó en la mano un corazón. Yo toqué mi pecho y lo hallé lleno; toqué mi cerebro y lo hallé firme; abrí mis ojos y los sentí soberbios, y rechacé altivo aquella vida que me daban y que rebosaba en mí.

Mi patria me estrechó en sus brazos, y me besó en la frente, y partió de nuevo, señalándome con la una mano el espacio y con la otra las canteras.

Presidio, Dios: ideas para mí tan cercanas como el inmenso sufrimiento y el eterno bien. Sufrir es quizá gozar. Sufrir es morir para la torpe vida por nosotros creada y nacer para la vida de lo bueno, única vida verdadera.

¡Cuánto, cuánto pensamiento extraño agitó mi cabeza! Nunca como entonces supe cuánto el alma es libre en las más amargas horas de la esclavitud. Nunca como entonces, que gozaba en sufrir. Sufrir es más que gozar: es verdaderamente vivir.

Pero otros sufrían como yo, otros sufrían más que yo. Y yo no he venido aquí a cantar el poema íntimo de mis luchas y mis horas de Dios. Yo no soy aquí más que un grillo que no se rompe entre otros mil que no se han roto tampoco. Yo no soy aquí más que una gota de sangre caliente en un montón de sangre coagulada. Si meses antes era mi vida un beso de mi madre, y mi gloria mis sueños de colegio; si era mi vida entonces el temor de no besarla nunca y la angustia de haberlos perdido, ¿qué me importa? El desprecio con que acallo estas angustias vale más que todas mis glorias pasadas. El orgullo con que agito estas cadenas valdrá más que todas mis glorias futuras; que el que sufre por su patria y vive para Dios, en éste u otros mundos tiene verdadera gloria. ¿A qué hablar de mí mismo, ahora que hablo de sufrimientos, si otros han sufrido más que yo? Cuando otros lloran sangre, ¿qué derecho tengo yo para llorar lágrimas?

Era aún el día 5 de abril.

Mis manos habían movido ya las bombas; mi padre había gemido ya junto a mi reja; mi madre y mis hermanas elevaban al cielo su oración empapada en lágrimas por mi vida; mi espíritu se sentía enérgico y potente; yo esperaba con afán la hora en que volverían aquellos que habían de ser mis compañeros en el más rudo de los trabajos.

Habían partido, me dijeron, mucho antes de salir el Sol, y no habían llegado aún, mucho tiempo después que el Sol se había puesto. Si el Sol tuviera conciencia, trocaría en cenizas sus rayos que alumbran al nacer la mancha de la sangre que se cuaja en los vestidos, y la espuma que brota de los labios, y la mano que alza con la rapidez de la furia el palo, y la espalda que gime al golpe como el junco al soplo del vendaval.

Los tristes de la cantera vinieron al fin. Vinieron dobladas las cabezas, harapientos los vestidos, húmedos los ojos, pálido y demacrado el semblante. No caminaban: se arrastraban; no hablaban: gemían. Parecía que no querían ver; lanzaban solo sombrías cuanto tristes, débiles cuanto desconsoladoras miradas al azar. Dudé de ellos, dudé de mí. O yo soñaba, o ellos no vivían. Verdad eran, sin embargo, mi sueño y su vida; verdad que vinieron y caminaron apoyándose en las paredes y miraron con desencajados ojos, y cayeron en sus puestos, como caían los cuerpos muertos de Dante. Verdad que vinieron; y entre ellos, más inclinado, más macilento, más agostado que todos, un hombre que no tenía un solo cabello negro en la cabeza, cadavérica la faz, escondido el pecho, cubiertos de cal los pies, coronada de nieve la frente.

—¿Qué tal, don Nicolás? —dijo uno más joven que al verle le prestó su hombro.

—Pasando, hijo, pasando —y un movimiento imperceptible se dibujó en sus labios, y un rayo de paciencia iluminó su cara. Pasando, y se apoyó en el joven, y se desprendió de sus hombros para caer en su porción de suelo.

¿Quién era aquel hombre?

Lenta agonía revelaba su rostro y hablaba con bondad. Sangre coagulada manchaba sus ropas y sonreía.

¿Quién era aquel hombre?

Aquel anciano de cabellos canos y ropas manchadas de sangre tenía setenta y seis años, había sido condenado a diez años de presidio, y trabajaba, y se llamaba Nicolás del Castillo. ¡Oh torpe memoria mía, que quiere aquí recordar sus bárbaros dolores! ¡Oh verdad tan terrible, que no deja mentir ni exagerar! Los colores del infierno en la paleta de Caín no formarían un cuadro en que brillase tanto lujo de horror.

Más de un año ha pasado; sucesos nuevos han llenado mi imaginación; mi vida azarosa de hoy ha debido hacerme olvidar mi vida penosa de ayer; recuerdos de otros días, familia, sed de verdadera vida, ansia de patria, todo bulle en mi cerebro y roba mi memoria y enferma mi corazón. Pero entre mis dolores, el dolor de don Nicolás del Castillo será siempre perenne dolor.

Los hombres de corazón escriben en la primera página de la historia del sufrimiento humano: Jesús. Los hijos de Cuba deben escribir en las primeras páginas de su historia de dolores: Castillo.

Todas las grandes ideas tienen su gran nazareno, y don Nicolás del Castillo ha sido nuestro nazareno infortunado. Para él, como para Jesús, hubo un Caifás. Para él, como para Jesús, hubo un Longinos. Desgraciadamente para España, ninguno ha tenido para él el triste valor de ser siquiera Pilatos.

¡Oh! Si España no rompe el hierro que lastima sus rugosos pies, España estará para mí ignominiosamente borrada del libro de la vida. La muerte es el único remedio a la vergüenza eterna. Despierte al fin y viva la dignidad, la hidalguía antigua castellana. Despierte y viva, que el Sol de Pelayo está ya viejo y cansado, y no llegarán sus rayos a las generaciones venideras si los de un Sol nuevo de grandeza no le unen su esplendor. Despierte y viva una vez más, el león español se ha dormido con una garra sobre Cuba, y Cuba se ha convertido en tábano, y pica sus fauces, y pica su nariz, y se posa en su cabeza, y el león en vano la sacude y ruge en vano. El insecto amarga las más dulces horas del rey de las fieras. Él sorprenderá a Baltasar en el festín, y él será para el Gobierno descuidado el Mane, Thecel, Phares de las modernas profecías.

¿España se regenera? No puede regenerarse. Castillo está ahí.

¿España quiere ser libre? No puede ser libre. Castillo está ahí.

¿España quiere regocijarse? No puede regocijarse. Castillo está ahí.

Y si España se regocija, y se regenera, y ansía libertad, entre ella y sus deseos se levantará un gigante ensangrentado, magullado, que se llama don Nicolás del Castillo, que llena setenta y seis páginas del libro de los Tiempos, que es la negación viva de todo noble principio y toda gran idea que quiera desarrollarse aquí. Quien es bastante cobarde o bastante malvado para ver con temor o con indiferencia aquella cabeza blanca tiene roído el corazón y enferma de peste la vida.

Yo lo vi, yo lo vi venir aquella tarde; yo lo vi sonreír en medio de su pena; yo corrí hacia él. Nada en mí había perdido mi natural altivez. Nada aún había magullado mi sombrero negro. Y al verme erguido todavía, y al ver el sombrero que los criminales llaman allí estampa de la muerte, y bien lo llaman, me alargó su mano, volvió hacia mí los ojos, en que las lágrimas eran perennes, y me dijo:

—¡Pobre! ¡Pobre!

Yo le miré con ese angustioso afán, con esa dolorosa simpatía que inspira una pena que no se puede remediar. Y él levantó su blusa y me dijo entonces:

—¡Mira!

La pluma escribe con sangre al escribir lo que yo vi; pero la verdad sangrienta es también verdad.

Vi una llaga que con escasos vacíos cubría casi todas las espaldas del anciano, que destilaban sangre en unas partes y materia pútrida y verdinegra en otras. Y en los lugares menos llagados pude contar las señales recientísimas de treinta y tres ventosas.

¿Y España se regocija, y se regenera, y ansía libertad? No puede regocijarse, ni regenerarse, ni ser libre. Castillo está ahí.

Vi la llaga y no pensé en mí, ni pensé que quizá al día siguiente me harían otra igual. Pensé en tantas cosas a la vez; sentí un cariño tan acendrado hacia aquel campesino de mi patria; sentí una compasión tan profunda hacia sus flageladores; sentí tan honda lástima de verlos platicar con su conciencia, si esos hombres sin ventura la tienen, que aquel torrente de ideas angustiosas que por mí cruzaban se anudó en mi garganta, se condensó en mi frente, se agolpó a mis ojos. Ellos, fijos, inmóviles, espantados, eran mis únicas palabras. Me espantaba que hubiese manos sacrílegas que manchasen con sangre aquellas canas. Me espantaba de ver allí refundidos el odio, el servilismo, el rencor, la venganza; yo, para quien la venganza y el odio son dos fábulas que en horas malditas se esparcieron por la tierra. Odiar y vengarse cabe en un mercenario azotador de presidio; cabe en el jefe desventurado que le reprende con acritud si no azota con crueldad; pero no cabe en el alma joven de un presidiario cubano, más alto cuando se eleva sobre sus grillos, más erguido cuando se sostiene sobre la pureza de su conciencia y la rectitud indomable de sus principios, que todos aquellos míseros que, a par que las espaldas del cautivo, despedazan el honor y la dignidad de su nación.

Y hago mal en decir esto, porque los hombres son átomos demasiado pequeños para que quien en algo tiene las excelencias puramente espirituales de las vidas futuras, humille su criterio a las acciones particulares de un individuo solo. Mi cabeza, sin embargo, no quiere hoy dominar a mi corazón. Él siente, él habla, él tiene todavía resabios de su humana naturaleza.

Tampoco odia Castillo. Tampoco una palabra de rencor interrumpió la mirada inmóvil de mis ojos.

Al fin le dije:

—Pero, ¿esto se lo han hecho aquí? ¿Por qué se lo han hecho a usted?

—Hijo mío, quizá no me creerías. Ni a cualquiera otro que te diga por qué.

La fraternidad de la desgracia es la fraternidad más rápida. Mi sombrero negro estaba demasiado bien teñido, mis grillos eran demasiado fuertes para que no fuesen lazos muy estrechos que uniesen pronto a aquellas almas acongojadas a mi alma. Ellos me contaron la historia de los días anteriores de don Nicolás. Un vigilante de presidio me la contó así más tarde. Los presos peninsulares la cuentan también como ellos.

Días hacía que don Nicolás había llegado a presidio.

Días hacía que andaba a las cuatro y media de la mañana el trecho de más de una legua que separa las canteras del establecimiento penal, y volvía andarlo a las seis de la tarde, cuando el Sol se había ocultado por completo, cuando había cumplido doce horas de trabajo diario.

Una tarde don Nicolás picaba piedra con sus manos despedazadas, porque los palos del brigada no habían logrado que el infeliz caminase sobre dos extensas llagas que cubrían sus pies.

Detalle repugnante, detalle que yo también sufrí, sobre el que yo, sin embargo, caminé, sobre el que mi padre desconsolado lloró. ¡Y qué día tan amargo aquel en que logró verme, y yo procuraba ocultarle las grietas de mi cuerpo, y él colocarme unas almohadillas de mi madre para evitar el roce de los grillos, y vio, al fin, un día después de haberme visto paseando en los salones de la cárcel, aquellas aberturas purulentas, aquellos miembros estrujados, aquella mezcla de sangre y polvo, de materia y fango, sobre que me hacían apoyar el cuerpo, y correr, y correr, y correr! ¡Día amarguísimo aquél! Prendido a aquella masa informe, me miraba con espanto, envolvía a hurtadillas el vendaje, me volvía a mirar, y al fin, estrechando febrilmente la pierna triturada, rompió a llorar. Sus lágrimas caían sobre mis llagas; yo luchaba por secar su llanto; sollozos desgarradores anudaban su voz, y en esto sonó la hora del trabajo, y un brazo rudo me arrancó de allí, y él quedó de rodillas en la tierra mojada con mi sangre, y a mí me empujaba el palo hacia el montón de cajones que nos esperaba ya para seis horas. ¡Día amarguísimo aquél! Y yo todavía no sé odiar.

Así también estaba don Nicolás.

Así, cuando llegó del establecimiento un vigilante y habló al brigada, y el brigada le envió a cargar cajones, a caminar sobre las llagas abiertas, a morir, como a alguien que le preguntaba dónde iba respondió el anciano.

Es la cantera extenso espacio de ciento y más varas de profundidad. Fórmenla elevados y numerosos montones, ya de piedras de distintas clases: ya de cocó, ya de cal, que hacíamos en los hornos, y al cual subíamos, con más cantidad de la que podía contener el ancho cajón, por cuestas y escaleras muy pendientes, que, unidas, hacían una altura de 190 varas. Estrechos son los caminos que entre los montones quedan, y apenas si por sus recodos y encuentros puede a veces pasar un hombre cargado. Y allí, en aquellos recodos estrechísimos, donde las moles de piedra descienden frecuentemente con estrépito, donde el paso de un hombre suele ser difícil, allí arrojan a los que han caído en tierra desmayados, y allí sufren ora la pisada del que huye del golpe inusitado de los cabos, ora la piedra que rueda del montón al menor choque, ora la tierra que cae del cajón en la fuga continua en que se hace allí el trabajo. Al pie de aquellas moles reciben el Sol, que solo deja dos horas al día las canteras; allí las lluvias, que tan frecuentes son en todas las épocas, y que esperábamos con ansia porque el agua refrescaba nuestros cuerpos, y porque si duraba más de media hora nos auguraba algún descanso bajo las excavaciones de las piedras; allí, el palo suelto, que por costumbre deja caer el cabo de vara, que persigue a los penados con el mismo afán con que esquiva la presencia del brigada, y allí, en fin, los golpes de éste, que de vez en cuando pasa para cerciorarse de la certeza del desmayo y se convence a puntapiés. Esto y la carrera vertiginosa de cincuenta hombres, pálidos, demacrados, rápidos a pesar de su demacración, hostigados, agitados por los palos, aturdidos por los gritos; y el ruido de cincuenta cadenas, cruzando algunas de ellas tres veces el cuerpo del penado; y el continuo chasquido del palo en las carnes, y las blasfemias de los apaleadores, y el silencio terrible de los apaleados, y todo repetido incansablemente un día y otro día, y una hora y otra hora, y doce horas cada día; he ahí, pálida y débil, la pintura de las canteras. Ninguna pluma que se inspire en el bien puede pintar en todo su horror el frenesí del mal. Todo tiene su término en la monotonía. Hasta el crimen es monótono, que monótono se ha hecho ya el crimen del horrendo cementerio de San Lázaro.

—¡Andar! ¡Andar!

—¡Cargar! ¡Cargar!

Y a cada paso un quejido, y a cada quejido un palo, y a cada muestra de desaliento el brigada que persigue al triste y lo acosa, y él huye y tropieza, y el brigada lo pisa y lo arrastra, y los cabos se reúnen, y como el martillo de los herreros suena uniforme en la fragua, las varas de los cabos dividen a compás las espaldas del desventurado. Y cuando la espuma, mezclada con la sangre, brota de los labios, y el pulso se extingue, y parece que la vida se va, dos presidiarios, el padre, el hermano, el hijo del flagelado quizá, lo cargan por los pies y la cabeza y lo arrojan al suelo, allá al pie de un alto montón.

Y cuando el fardo cae, el brigada le empuja con el pie y se alza sobre una piedra, y enarbola la vara, y dice tranquilo:

—Ya tienes por ahora; veremos esta tarde.

Este tormento, todo este tormento, sufrió aquella tarde don Nicolás. Durante una hora el palo se levantaba y caía metódicamente sobre aquel cuerpo magullado que yacía sin conocimiento en el suelo. Y le magulló el brigada, y azotó sus espaldas con la vaina de su sable, e introdujo su extremo entre las costillas del anciano exánime. Y cuando su pie le hizo rodar por el polvo y rodaba como cuerpo muerto, y la espuma sanguinolenta cubría su cara y se cuajaba en ella, el palo cesó y don Nicolás fue arrojado a la falda de un montón de piedra.

Parece esto el refinamiento más bárbaro del odio, el esfuerzo más violento del crimen. Parece que hasta allí, y nada más que hasta allí, llegan la ira y el rencor humanos; pero esto podrá parecer cuando el presidio no es el presidio político de Cuba, el presidio que han sancionado los diputados de la nación.

Hay más, y mucho más, y más espantoso que esto.

Dos de sus compañeros cargaron por orden del brigada el cuerpo inmóvil de don Nicolás hasta el presidio, y allí se le llevó a la visita del médico.

Su espalda era una llaga. Sus canas a trechos eran rojas, a trechos masa fangosa y negruzca. Se levantó ante el médico la ruda camisa; se le hizo notar que su pulso no latía; se le enseñaron las heridas. Y aquel hombre extendió la mano, y profirió una blasfemia, y dijo que aquello se curaba con baños de cantera. ¡Hombre desventurado y miserable, hombre que tenía en el alma todo el fango que don Nicolás tenía en el rostro y en el cuerpo!

Don Nicolás no había aún abierto los ojos cuando la campana llamó al trabajo en la madrugada del día siguiente, aquella hora congojosa en que la atmósfera se puebla de ayes, y el ruido de los grillos es más lúgubre, y el grito del enfermo es más agudo, y el dolor de las carnes magulladas es más profundo, y el palo azota más fácil los hinchados miembros; aquella hora que no olvida jamás quien una vez y ciento sintió en ella el más rudo de los dolores del cuerpo, nunca tan rudo como altivo el orgullo que reflejaba su frente y rebosaba en su corazón. Sobre un pedazo mísero de lona embreada, igual a aquel en que tantas noches pasó sentada a mi cabecera la sombra de mi madre; sobre aquella dura lona yacía Castillo, sin vida los ojos, sin palabras la garganta, sin movimiento los brazos y las piernas.

Cuando se llega aquí, quizá se alegra el alma, porque presume que en aquel estado un hombre no trabaja, y que el septuagenario descansaría al fin algunas horas; pero solo puede alegrarse el alma que olvida que aquel presidio era el presidio de Cuba, la institución del Gobierno, el acto mil veces repetido del Gobierno que sancionaron aquí los representantes del país. Una orden impía se apoderó del cuerpo de don Nicolás; le echó primero en el suelo, le echó después en el carretón. Y allí, rodando de un lado para otro a cada salto, oyéndose el golpe seco de su cabeza sobre las tablas, asomando a cada bote del carro algún pedazo de su cuerpo por sobre los maderos de los lados, fue llevado por aquel camino que el polvo hace tan sofocante, que la lluvia hace tan terroso, que las piedras hicieron tan horrible para el desventurado presidiario.

Golpeaba la cabeza en el carro. Asomaba el cuerpo a cada bote. Trituraban a un hombre. ¡Miserables! Olvidaban que en aquel hombre iba Dios.

Ese, ése es Dios; ése es el Dios que os tritura la conciencia, si la tenéis; que os abrasa el corazón, si no se ha fundido ya el fuego de vuestra infamia. El martirio por la patria es Dios mismo, como el bien, como las ideas de espontánea generosidad universales. Apaleadle, heridle, magulladle. Sois demasiados viles para que os devuelva golpe por golpe y herida por herida. Yo siento en mí a este Dios; yo tengo en mí a este Dios; este Dios en mí os tiene lástima, más lástima que horror y que desprecio.

El comandante del presidio había visto llegar la tarde antes a Castillo.

El comandante del presidio había mandado que saliese por la mañana. Mi Dios tiene lástima de ese comandante. Ese comandante se llama Mariano Gil de Palacio.

Aquel viaje criminal cesó al fin. Don Nicolás fue arrojado al suelo. Y porque sus pies se negaban a sostenerle, porque sus ojos no se abrían, el brigada golpeó su exánime cuerpo. A los pocos golpes aquella excelsa figura se incorporó sobre sus rodillas como para alzarse, pero abrió los brazos hacia atrás, exhaló en gemido ahogado y volvió a caer rodando por el suelo.

Eran las cinco y media.

Se le echó al pie de un montón. Llegó el Sol; calcinó con su fuego las piedras. Llegó la lluvia; penetró con el agua las capas de la tierra. Llegaron las seis de la tarde. Entonces dos hombres fueron al montón a buscar el cuerpo que, calcinado por el Sol y penetrado por la lluvia, yacía allí desde las horas primeras de la mañana.

¿Verdad que esto es demasiado horrible? ¿Verdad que esto no ha de ser más así?

El ministro de Ultramar es español. Esto es allá el presidio español. El ministro de Ultramar dirá cómo ha de ser de hoy más, porque yo no supongo al Gobierno tan infame que sepa esto y lo deje como lo sabe.

Y esto fue un día, y otro día, y muchos días. Apenas si el esfuerzo de sus compatriotas había podido lograrle a hurtadillas, que lograrla estaba prohibido, un poco de agua con azúcar por único alimento. Apenas si se veía su espalda, cubierta casi toda por la llaga. Y, sin embargo, días había en que aquella hostigación vertiginosa le hacía trabajar algunas horas. Vivía y trabajaba. Dios vivía y trabajaba entonces en él.

Pero alguien habló, al fin, de esto; a alguien horrorizó a quien se debía complacer, quizás a su misma bárbara conciencia. Se mandó a don Nicolás que no saliese al trabajo en algunos días; que se le pusiesen ventosas. Y le pusieron treinta y tres. Y pasó algún tiempo tendido en su lona. Y se baldeó una vez sobre él. Y se barrió sobre su cuerpo.

Don Nicolás vive todavía. Vive en presidio. Vivía, al menos, siete meses hace, cuando fui a ver, sabe el azar hasta cuándo, aquella que fue morada mía. Vivía trabajando. Y antes de estrechar su mano la última madrugada que lo vi, nuevo castigo inusitado, nuevo refinamiento de crueldad, hizo su víctima a don Nicolás. ¿Por qué esto ahora? ¿Por qué aquello antes?

Cuando yo lo preguntaba, peninsulares y cubanos me replicaban:

—Los voluntarios decían que don Nicolás era brigadier de la insurrección, y el comandante quería complacer a los voluntarios.

Los voluntarios son la integridad nacional.

El presidio es una institución del Gobierno.

El comandante es Mariano Gil de Palacio.

Cantad, cantad, diputados de la nación.

Ahí tenéis la integridad; ahí tenéis el Gobierno que habéis aprobado, que habéis sancionado, que habéis unánimemente aplaudido.

Aplaudid; cantad.

¿No es verdad que vuestra honra os manda cantar y aplaudir?

VII

—¡Martí! ¡Martí! —me dijo una mañana un pobre amigo mío, amigo allí porque era presidiario político, y era bueno, y como yo, por extraña circunstancia había recibido orden de no salir al trabajo y quedar en el taller de cigarrería; mira aquel niño que pasa por allí.

Miré. ¡Triste ojos míos que tanta tristeza vieron!

Era verdad. Era un niño. Su estatura apenas pasaba del codo de un hombre regular. Sus ojos miraban entre espantados y curiosos aquella ropa rudísima con que le habían vestido aquellos hierros extraños que habían ceñido a sus pies.

Mi alma volaba hacia su alma. Mis ojos estaban fijos en sus ojos. Mi vida hubiera dado por la suya. Y mi brazo estaba sujeto al tablero del taller; y su brazo movía, atemorizado por el palo, la bomba de los tanques.

Hasta allí, yo lo había comprendido todo, yo me lo había explicado todo, yo había llegado a explicarme el absurdo de mí mismo; pero ante aquel rostro inocente, y aquella figura delicada, y aquellos ojos serenísimos y puros, la razón se me extraviaba, yo no encontraba mi razón, y era que se me había ido despavorida a llorar a los pies de Dios. ¡Pobre razón mía! Y cuántas veces la han hecho llorar así por los demás!

Las horas pasaban; la fatiga se pintaba en aquel rostro; los pequeños brazos se movían pesadamente; la rosa suave de las mejillas desaparecía; la vida de los ojos se escapaba; la fuerza de los miembros debilísimos huía. Y mi pobre corazón lloraba.

La hora de cesar en la tarea llegó al fin. El niño subió jadeante las escaleras. Así llegó a su galera. Así se arrojó en el suelo, único asiento que nos era dado, único descanso para nuestras fatigas, nuestra silla, nuestra mesa, nuestra cama, el paño mojado con nuestras lágrimas, el lienzo empapado en nuestra sangre, refugio ansiado, asilo único de nuestras carnes magulladas y rotas, y de nuestros miembros hinchados y doloridos.

Pronto llegué hasta él. Si yo fuera capaz de maldecir y odiar, yo hubiera odiado y maldecido entonces. Yo también me senté en el suelo, apoyé su cabeza en su miserable chaquetón y esperé a que mi agitación me dejase hablar.

—¿Cuántos años tienes? —le dije.

—Doce, señor.

—Doce, ¿y te han traído aquí? Y ¿cómo te llamas?

—Lino Figueredo.

—Y ¿qué hiciste?

—Yo no sé, señor. Yo estaba con taitica y mamita, y vino la tropa, y se llevó a taitica, y volvió, y me trajo a mí.

—¿Y tu madre?

—Se la llevaron. ¿Y tu padre?

—También, y no sé de él, señor. ¿Qué habré hecho yo para que me traigan aquí, y no me dejen estar con taitica y mamita?

Si la indignación, si el dolor, si la pena angustiosa pudiesen hablar, yo hubiera hablado al niño sin ventura. Pero algo extraño, y todo hombre honrado sabe lo que era, sublevaba en mí la resignación y la tristeza y atizaba el fuego de la venganza y de la ira; algo extraño ponía sobre mi corazón su mano de hierro, y secaba en mis párpados las lágrimas y helaba las palabras en mis labios.

Doce años, doce años, zumbaba constantemente en mis oídos, y su madre y mi madre, y su debilidad y mi impotencia se amontonaban en mi pecho, y rugían, y andaban desbordados por mi cabeza, y ahogaban mi corazón.

Doce años tenía Lino Figueredo, y el Gobierno español lo condenaba a diez años de presidio.

Doce años tenía Lino Figueredo, y el Gobierno español lo cargaba de grillos, y lo lanzaba entre los criminales, y lo exponía, quizá como trofeo, en las calles.

¡Oh! ¡Doce años!

No hay término medio, que vergüenza. No hay contemplación posible, que mancha. El Gobierno olvidó su honra cuando sentenció a un niño de doce años a presidio; la olvidó más cuando fue cruel, inexorable, inicuo con él. Y el Gobierno ha de volver, y volver pronto, por esa honra suya, ésta como tantas otras veces mancillada y humillada.

Y habrá de volver pronto, espantado de su obra, cuando oiga toda la serie de sucesos que yo no nombro, porque me avergüenza la miseria ajena.

Lino Figueredo había sido condenado a presidio. Esto no bastaba.

Lino Figueredo había llegado ya allí; era presidiario ya; gemía uncido a sus pies el hierro; lucía el sombrero negro y el hábito fatal. Esto no bastaba todavía.

Era preciso que el niño de doce años fuera precipitado en las canteras, fuese azotado, fuese apaleado en ellas. Y lo fue. Las piedras rasgaron sus manos; el palo rasgó sus espaldas; la cal viva rasgó y llagó sus pies.

Y esto fue un día. Y lo apalearon.

Y otro día. Y lo apalearon también.

Y muchos días.

Y el palo rompía las carnes de un niño de doce años en el presidio de La Habana y la integridad nacional hacía vibrar aquí una cuerda mágica que siempre suena enérgica y poderosa.

La integridad nacional deshonra, azota, asesina allá.

Y conmueve, y engrandece, y entusiasma aquí.

¡Conmueva, engrandezca, entusiasme aquí la integridad nacional que azota, que deshonra, que asesina allá!

Los representantes del país no sabían la historia de don Nicolás del Castillo y Lino Figueredo cuando sancionaron los actos del gobierno, embriagados por el aroma del acomodaticio patriotismo. No lo sabían, porque el país habla en ellos; y si el país lo sabía, y hablaba así, este país no tiene dignidad ni corazón.

Y hay aquello, y mucho más.

Las canteras son para Lino Figueredo la parte más llevadera de su vida mártir. Hay más.

Una mañana, el cuello de Lino no pudo sustentar su cabeza; sus rodillas flaqueaban; sus brazos caían sin fuerzas de sus hombros; un mal extraño vencía en él al espíritu desconocido que le había impedido morir, que había impedido morir a don Nicolás, y a tantos otros, y a mí. Verdinegra sombra rodeaba sus ojos; rojas manchas apuntaban en su cuerpo; su voz se exhalaba como un gemido; sus ojos miraban como una queja. Y en aquella agonía, y en aquella lucha del enfermo en presidio que es la más terrible de todas las luchas, el niño se acercó al brigada de su cuadrilla, y le dijo:

—Señor, yo estoy malo; no me puedo menear; tengo el cuerpo lleno de manchas.

—¡Anda, anda! —dijo con brusca voz el brigada—. ¡Anda! —y un golpe del palo respondió a la queja—. ¡Anda!

Y Lino, apoyándose, sin que lo vieran, que si lo hubieran visto su historia tendría una hoja sangrienta más, en el hombro de alguno no tan débil aquel día como él, anduvo. Muchas cosas andan. Todo anda. La eterna justicia, insondable cuanto eterna, anda también, y ¡algún día parará!

Lino anduvo. Lino trabajó. Pero las manchas cubrieron al fin su cuerpo, la sombra empañó sus ojos, las rodillas se doblaron. Lino cayó, y la viruela se asomó a sus pies y extendió sobre él su garra y le envolvió rápida y avarienta en su horroroso manto. ¡Pobre Lino!

Solo así, solo por el miedo egoísta del contagio fue Lino al hospital. El presidio es un infierno real en la vida. El hospital del presidio es otro infierno más real aún en el vestíbulo de los mundos extraños. Y para cambiar de infierno, el presidio político de Cuba exige que nos cubra la sombra de la muerte.

Lo recuerdo, y lo recuerdo con horror. Cuando el cólera recogía su haz de víctimas allí, no se envió el cadáver de un desventurado chino al hospital hasta que un paisano suyo no le picó una vena y brotó una gota, una gota de sangre negra, coagulada. Entonces, solo entonces se declaró que el triste estaba enfermo. Entonces; y minutos después el triste moría.

Mis manos han frotado sus rígidos miembros; con mi aliento los he querido revivir; de mis brazos han salido sin conocimiento, sin vista, sin voz, pobres coléricos; que solo se juzgaba que lo eran.

Bello, bello es el sueño de la Integridad Nacional. ¿No es verdad que es muy bello, señores diputados?

¡Martí! ¡Martí! volvió a decirme pocos días después mi amigo. Aquel que viene allí ¿no es Lino? Mira, mira bien.

Miré, miré. ¡Era Lino! Lino que venía apoyado en otro enfermo, caída la cabeza, convertida en negra llaga la cara, en negras llagas las manos y los pies; Lino, que venía, extraviados los ojos, hundido el pecho, inclinado el cuerpo, ora hacia adelante, ora hacia atrás, rodando al suelo si lo dejaban solo, caminando arrastrado si se apoyaba en otro; Lino, que venía con la erupción desarrollada en toda su plenitud, con la viruela mostrada en toda su deformidad, viva, supurante, purulenta. Lino, en fin, que venía sacudido a cada movimiento por un ataque de vómito que parecía el esfuerzo postrimero de su vida.

Así venía Lino, y el médico del hospital acababa de certificar que Lino estaba sano. Sus pies no lo sostenían; su cabeza se doblaba; la erupción se mostraba en toda su deformidad; todos lo palpaban; todos lo veían. Y el médico certificaba que venía sano Lino. Este médico tenía la viruela en el alma.

Así pasó el triste la más horrible de las tardes. Así lo vio el médico del establecimiento, y así volvió al hospital.

Días después, un cuerpo pequeño, pálido, macilento, subía ahogándose las escaleras del presidio. Sus miradas vagaban sin objeto; sus manecitas demacradas apenas podían apoyarse en la baranda; la faja que sujetaba los grillos resbalaba sin cesar de su cintura; penosísima y trabajosamente subía cada escalón.

—¡Ay! —decía, cuando fijaba al fin los dos pies—. ¡Ay, taitica de mi vida! y rompía a llorar.

Concluyó al fin de subir. Subí yo tras él y me senté a su lado y estreché sus manos y le arreglé su mísero petate y volví más de una vez mi cabeza para que no viera que mis lágrimas corrían como las suyas.

¡Pobre Lino!

No era el niño robusto, la figura inocente y gentil que un mes antes sacudía con extrañeza los hierros que habían unido a sus pies. No era aquella rosa de los campos que algunos conocieron risueña como Mayo, fresca como abril. Era la agonía perenne de la vida. Era la amenaza latente de la condenación de muchas almas. Era el esqueleto enjuto que arroja la boa constrictora después que ha hinchado y satisfecho sus venas con su sangre.

Y Lino trabajó así. Lino fue castigado al día siguiente así. Lino salió en las cuadrillas de la calle así. El espíritu desconocido que inmortaliza el recuerdo de las grandes innatas ideas, y vigoriza ciertas almas quizá predestinadas, vigorizó las fuerzas de Lino y dio robustez y vida nueva a su sangre.

Cuando salí de aquel cementerio de sombras vivas, Lino estaba aún allí. Cuando me enviaron a estas tierras. Lino estaba allí aún. Después la losa del inmenso cadáver se ha cerrado para mí. Pero Lino vive en mi recuerdo y me estrecha la mano y me abraza cariñosamente y vuela a mi alrededor y su imagen no se aparta un instante de mi memoria.

Cuando los pueblos van errados; cuando o cobardes o indiferentes cometen o disculpan extravíos, si el último vestigio de energía desaparece, si la última, o quizá la primera, expresión de la voluntad guarda torpe silencio, los pueblos lloran mucho, los pueblos expían su falta, los pueblos perecen escarnecidos y humillados y despedazados, como ellos escarnecieron y despedazaron y humillaron a su vez.

La idea no cobija nunca la embriaguez de la sangre.

La idea no disculpa nunca el crimen y el refinamiento bárbaro en el crimen.

España habla de su honra.

Lino Figueredo está allí. Allí; y entre los sueños de mi fantasía, veo aquí a los diputados danzar ebrios de entusiasmo, vendados los ojos, con vertiginoso movimiento, con incansable carrera, alumbrados como Nerón por los cuerpos humanos que atados a los pilares ardían como antorchas. Entre aquel resplandor siniestro, un fantasma rojo lanza una estridente carcajada. Y lleva escrito en la frente Integridad Nacional: los diputados danzan. Danzan y sobre ellos una mano extiende la ropa manchada de sangre de don Nicolás del Castillo y otra mano enseña la cara llagada de Lino Figueredo.

Dancen ahora, dancen.

VIII

Si los dolores verdaderamente agudos pueden ser templados por algún goce, solo puede templarlos el goce de acallar el grito de dolor de los demás. Y si algo los exacerba y los hace terribles es seguramente la convicción de nuestra impotencia para calmar los dolores ajenos.

Esta angustia que no todos comprenden, con la que tanto sufre quien la llega a comprender, llenó muchas veces mi alma, la llenaba perennemente en aquel intervalo sombrío de la vida que se llama presidio de Cuba.

Yo suelo olvidar mi mal cuando curo el mal de los demás. Yo suelo no acordarme de mi daño más que cuando los demás pueden sufrirlo por mí. Y cuando yo sufro y no mitiga mi dolor el placer de mitigar el sufrimiento ajeno, me parece que en mundos anteriores he cometido una gran falta que en mi peregrinación desconocida por el espacio me ha tocado venir a purgar aquí. Y sufro más, pensando que, así como es honda mi pena, será amargo y desgarrador el remordimiento de los que la causan a alguien.

Aflige verdaderamente pensar en los tormentos que roen las almas malas. Da profunda tristeza su ceguedad. Pero nunca es tanta como la ira que despierta la iniquidad en el crimen, la iniquidad sistemática, fría, meditada, tan constantemente ejecutada como rápidamente concebida.

Castillo, Lino, Figueredo, Delgado, Juan de Dios Socarrás, Ramón Rodríguez Alvarez, el negrito Tomás y tantos otros, son lágrimas negras que se han filtrado en mi corazón.

¡Pobre negro Juan de Dios! Reía cuando le pusieron la cadena. Reía cuando le pusieron a la bomba. Reía cuando marchaba a las canteras. Solamente no reía cuando el palo rasgaba aquellas espaldas en que la luz del Sol había dibujado más de un siglo. El idiotismo había sucedido en él a la razón; su inteligencia se había convertido en instinto; el sentimiento vivía únicamente entero en él. Sus ojos conservaban la fiel imagen de las tierras y las cosas; pero su memoria unía sin concierto los últimos con los primeros años de su vida. En las largas y extrañas relaciones que me hacía y que tanto me gustaba escuchar, resaltaba siempre su respeto ilimitado al señor y la confianza y gratitud de los amos por su cariño y lealtad. En el espacio de una vara señalaba perfectamente con el dedo los límites de las más importantes haciendas de Puerto Príncipe; pero en diez palabras confundía al biznieto con el bisabuelo, y a los padres con los hijos, y a las familias de más remoto y separado origen.

Aquello que más le hería, que más dolor le causaba, hallaba en él por respuesta esa risa bondadosa, franca, llena, peculiar del negro de nación. Los golpes solo despertaban la antigua vida en él. Cuando vibraba el palo en sus carnes, la eterna sonrisa desaparecía de sus labios, el rayo de la ira africana brillaba rápida y fieramente en sus ojos apagados, y su mano ancha y nerviosa comprimía con agitación febril el instrumento del trabajo.

El Gobierno español ha condenado en Cuba a un idiota.

El Gobierno español ha condenado en Cuba a un hombre negro de más de cien años. Lo ha condenado a presidio. Lo ha azotado en presidio. Lo ve impávido trabajar en presidio.

El Gobierno español. O la integridad nacional, y esto es más exacto; que aunque tanto se empeñan en fundir en una estas dos existencias, España tiene todavía para mí la honra de tenerlos separados.

Canten también, aplaudan también los sancionadores entusiastas de la conducta del Gobierno en Cuba.

IX

Y con Juan de Dios, ¡pobre negrito Tomás!
¡Ah! Su recuerdo indigna demasiado para que me deje hablar mucho de él. Trabajo me cuesta, sin embargo, contener mi pluma que corre demasiado rápida al oír su nombre.

Tiene once años, y es negro, y es bozal.

¡Once años, y está en presidio!

¡Once años y es sentenciado político!

¡Bozal, y un Consejo de guerra lo ha sentenciado!

¡Bozal y el Capitán General ha firmado su sentencia!

¡Miserables, miserables! Ni aun tienen la vergüenza necesaria para ocultar el más bárbaro de sus crímenes.

Canten, loen, aplaudan los diputados de la nación.

X

Ramón Rodríguez Alvarez llora también con tantos infelices. Ramón Rodríguez Alvarez, que fue sentenciado a los catorce años de su vida.

Ramón Rodríguez Alvarez, que arrastra la cadena del condenado político a diez años de presidio.

Él iba a la cantera a la par que Lino Figueredo. Cuando él llegó, Lino estaba allí hacía más de una semana. Y en aquel infierno de piedras y gemidos, Lino le aligeraba a hurtadillas de su carga, y se la echaba a su cajón, porque Ramón se desmayaba bajo tanto peso; Lino, cargado y expirando, le prestaba su hombro llagado para que se apoyara al subir la terrible cuesta; Lino le llenaba a veces apresuradamente de piedra su cajón para que no tardara demasiado, y el palo bárbaro cayera sobre él. Y una vez que Ramón se desmayó, y Lino cogió en la mano un poco de agua, y con su carga en la cabeza dobló una rodilla, y lo dejó caer en la boca y en el pecho de su amigo Ramón, el brigada pasó, el brigada lo vio, y se lanzó sobre ellos, y ciego de ira, su palo cayó rápido sobre los niños, e hizo brotar la sangre del cuerpo desmayado y el cuerpo erguido aún, y pocos instantes pasaron sin que el cajón rodase de la cabeza de Lino, y sus brazos se abriesen hacia atrás, y cayese exánime al lado de su triste compañero.

Ramón tenía catorce años.

Lino tenía doce.

Sobre ellos, un hombre blandía, con ira extraña, su palo; una nación lloraba en los aires la ignominia con que sus hijos manchaban su frente.

Aplaudan siempre, canten siempre los diputados de la nación.

¿No es verdad, repito, que importa a vuestra honra cantar y aplaudir?

XI

Y allá, en las canteras, aparece como tristísimo recuerdo el conato de suicidio de Delgado.

Era joven, tenía veinte años. Era aquél su primer día de trabajo. Y en aquel día en que el comandante había mandado suspender el castigo, en aquel solemne día —para él y la integridad nacional, amiga aún— a la media hora de trabajo, Delgado, que lo había comenzado, erguido, altanero, robusto, se detuvo en un instante de descuido de los cabos en la más alta de las cimas a que había llevado piedra, lanzó su sombrero al aire, dijo adiós con la mano a los que de la cárcel de Guanabacoa que habían venido con él, y se arrojó al espacio desde una altura de 80 varas.

Cayó, y cayó por fortuna sobre un montón de piedra blanda. La piel que cubría su cráneo cayó en tres pedazos sobre su cara. Y un presidario que se decía médico se ofreció al atónito brigada para socorrerle; le vació en la cabeza botellas de alcohol, acomodó con desgarrador descuido la piel sobre el cráneo, la sujetó con vendas de una blusa despedazada, llena de manchas de cieno; llena de tierra mojada y cuajada allí, las amarró fuertemente, y en un coche —¡milagros de bondad!— fue llevado al hospital del presidio.

Aquel día era el santo del general Caballero de Rodas.

¡Presagio extraño! Aquel día se inauguraba con sangre.

Nada se dijo de aquello. Nada se supo fuera de allí. Con rudas penas fueron amenazados todos los que podían dejarlo saber. No se apartaron de su cama los médicos, ni el sacerdote, ni los ayudantes militares. ¿Por qué aquel cuidado? —¿Por qué aquel temor? ¿Sería quizá aquello el grito primero de una enfangada conciencia?

—No —aquello era el miedo al escarnio y a la execración universales.

Los médicos lucharon con silencioso ardor; los médicos vencieron al fin. Se empezó a llenar la forma con una acusación de suicidio; la sumaria acabó a las primeras declaraciones. Todo quedó en tinieblas; todo oscuro.

Delgado trabajaba a mi salida con la cabeza siempre baja, y el color de la muerte próxima en el rostro. Y cuando se quita el sombrero, tres anchas fajas blancas atraviesan en todas direcciones su cabeza.

Agítense de entusiasmo en los bancos, aplaudan, canten los representantes de la patria.

Importa a su hora, importa a su fama cantar y aplaudir.

XII

¡Y tantos han muerto!

¡Y tantos hijos van en la sombra de la noche a llorar en las canteras sobre la piedra bajo la que presumen que descansa el espíritu de sus padres!

¡Y tantas madres han perdido la razón!

¡Madre! ¡Madre! ¡Y cómo te siento vivir en mi alma!

¡Madre! ¡Madre! ¡Y cómo te siento vivir en mi alma! ¡Cómo me inspira tu recuerdo! ¡Cómo quema mis mejillas la lágrima amarguísima de tu memoria!

¡Madre! ¡Madre! ¡Tantas lloran como tú lloraste! ¡Tantas pierden el brillo de sus ojos como tú lo perdiste!

¡Madre! ¡Madre!

En tanto, aplauden los diputados de la nación.

¡Mirad! ¡Mirad!

Ante mí desfilan en desgarradora y silenciosa procesión espectros que parecen vivos, y vivos que parecen espectros.

¡Mirad! ¡Mirad!

Aquí va el cólera contento, satisfecho, alegre, riendo con horrible risa. Ha trocado su guadaña por el látigo del presidio. Lleva sobre los hombros un montón de cadenas. De vez en cuando de aquel grupo informe que hace un ruido infernal destila una gota de sangre. ¡Siempre sangre! El cólera cargaba esta vez su espalda en el presidio político de Cuba.

¡Mirad! ¡Mirad!

Aquí viene una cabeza vestida de nieve. Se dobla sobre un cuello que gime porque no la puede sostener. Materia purulenta atraviesa su ropaje miserable. Gruesa cadena ruge con sordo son a su pie. Y, sin embargo, sonríe. ¡Siempre la sonrisa! Verdad que el martirio es algo de Dios. ¡Y cuán desventurados son los pueblos cuando matan a Dios!

¡Mirad! ¡Mirad!

Aquí viene la viruela asquerosa, inmunda, lágrima encarnada del infierno, que ríe con risa espantosa. Tiene un ojo como Quasimodo. Sobre su horrenda giba lleva un cuerpo vivo. Lo arroja al suelo, salta a su alrededor, lo pisa, lo lanza, lo recoge en su espalda, lo vuelve a arrojar, y danza en torno, y grita: «¡Lino! ¡Lino!». Y el cuerpo se mueve, y le amarra un grillo al cuerpo, y lo empuja lejos, muy lejos, hondo, muy hondo, allá a la sima que llaman las canteras. «¡Lino! ¡Lino!», se aleja repitiendo. Y el cuerpo se alza, y el látigo vibra, y Lino trabaja. ¡Siempre el trabajo! Verdad que el espíritu es Dios mismo. ¡Y cuán descarriados van los pueblos cuando apalean a Dios!

¡Mirad! ¡Mirad!

Aquí viene riendo, riendo, una ancha boca negra. El siglo se apoya en él. La memoria plegó las alas en su cerebro y voló más allá. La crespa lana está ya blanca. Ríe, ríe.

—Mi amo, ¿por qué vivo?

—Mi amo, mi amo, ¡qué feo suena! —y sacude al grillo.

Y ríe, ríe.

Y Dios llora.

¡Y cuánto han de llorar los pueblos cuando hacen llorar a Dios!

¡Mirad! ¡Mirad!

Aquí viene la cantera. Es una mole inmensa. Muchos brazos con galones la empujan. Y rueda, rueda, y a cada vuelta los ojos desesperados de una madre brillan en un disco negro y desaparecen. Y los hombres de los brazos siguen riendo y empujando, y la masa rodando, y a cada vuelta un cuerpo se tritura, y un grillo choca, y una lágrima salta de la piedra y va a posarse en el cuello de los hombres que ríen, que empujan. Y los ojos brillan, y los huesos se rompen, y la lágrima pesa en el cuello, y la masa rueda. ¡Ay! Cuando la masa acabe de rodar, tan rudo cuerpo pesará sobre vuestra cabeza, que no la podréis alzar jamás. ¡Jamás!

En nombre de la compasión, en nombre de la honra, en nombre de Dios, detened la masa, detenedla, no sea que vuelva hacia vosotros y os arrastre con su hórrido peso. Detenedla, que va sembrando muchas lágrimas por la tierra, las lágrimas de los mártires suben en vapores hasta el cielo y se condensan; y si no la detenéis, el cielo se desplomará sobre vosotros.

El cólera terrible, la cabeza nevada, la viruela espantosa, la ancha boca negra, la masa de piedra. Y todo, como el cadáver se destaca en el ataúd, como la tez blanca se destaca en la túnica negra, todo pasa envuelto en una atmósfera densa, extensa, sofocante, rojiza. ¡Sangre, siempre sangre!

¡Oh! ¡Mirad! ¡Mirad!

España no puede ser libre.

España tiene todavía mucha sangre en la frente.

Ahora, aprobad la conducta del Gobierno en Cuba.

Ahora, los padres de la patria, decid en nombre de la patria que sancionáis la violación más inicua de la moral y el olvido más completo de todo sentimiento de justicia.

Decidlo, sancionadlo, aprobadlo, si podéis.

Libros a la carta

A la carta es un servicio especializado para
empresas,
librerías,
bibliotecas,
editoriales
y centros de enseñanza;
y permite confeccionar libros que, por su formato y concepción, sirven a los propósitos más específicos de estas instituciones.

Las empresas nos encargan ediciones personalizadas para marketing editorial o para regalos institucionales. Y los interesados solicitan, a título personal, ediciones antiguas, o no disponibles en el mercado; y las acompañan con notas y comentarios críticos.

Las ediciones tienen como apoyo un libro de estilo con todo tipo de referencias sobre los criterios de tratamiento tipográfico aplicados a nuestros libros que puede ser consultado en Linkgua-ediciones.com.

Linkgua edita por encargo diferentes versiones de una misma obra con distintos tratamientos ortotipográficos (actualizaciones de carácter divulgativo de un clásico, o versiones estrictamente fieles a la edición original de referencia).

Este servicio de ediciones a la carta le permitirá, si usted se dedica a la enseñanza, tener una forma de hacer pública su interpretación de un texto y, sobre una versión digitalizada «base», usted podrá introducir interpretaciones del texto fuente. Es un tópico que los profesores denuncien en clase los desmanes de una edición, o vayan comentando errores de interpretación de un texto y esta es una solución útil a esa necesidad del mundo académico.

Asimismo publicamos de manera sistemática, en un mismo catálogo, tesis doctorales y actas de congresos académicos, que son distribuidas a través de nuestra Web.

El servicio de «libros a la carta» funciona de dos formas.

1. Tenemos un fondo de libros digitalizados que usted puede personalizar en tiradas de al menos cinco ejemplares. Estas personalizaciones pueden ser de todo tipo: añadir notas de clase para uso de un grupo de estudiantes, introducir logos corporativos para uso con fines de marketing empresarial, etc. etc.

2. Buscamos libros descatalogados de otras editoriales y los reeditamos en tiradas cortas a petición de un cliente.

Printed in Poland
by Amazon Fulfillment
Poland Sp. z o.o., Wrocław

69735765R00039